儀 禮

I-LI,

LE PLUS ANCIEN RITUEL DE LA CHINE,

SON CONTENU ET EXTRAITS,

PAR

M. C. DE HARLEZ.

EXTRAIT DU JOURNAL ASIATIQUE.

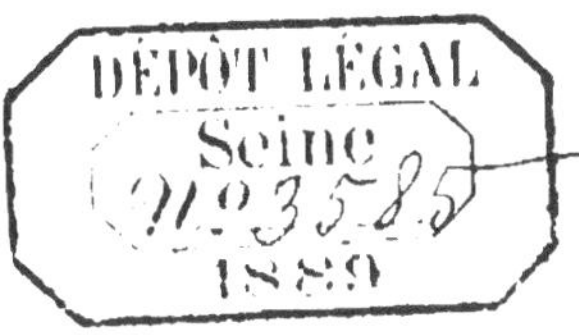

PARIS.

IMPRIMERIE NATIONALE.

M DCCC LXXXIX.

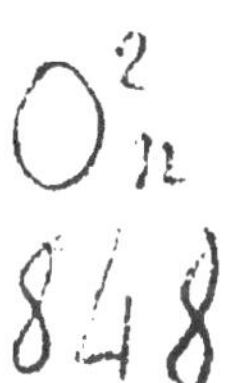

儀　禮

I-LI,

LE PLUS ANCIEN RITUEL DE LA CHINE,

SON CONTENU ET EXTRAITS.

L'*I-li*[1] est sans contredit un des monuments les plus curieux de l'antiquité orientale. Plus ancien que le *Li-ki*, exposant des faits contemporains de l'époque où il fut rédigé, il est spécialement précieux pour l'ethnologie et l'archéologie, puisqu'il relate d'une manière authentique les usages régnant en Chine il y a vingt-cinq siècles et plus encore peut-être.

Cependant il est resté jusqu'ici presque entièrement ignoré; on ne le connaît guère que de nom. Parmi les auteurs qui nous ont donné le tableau de la littérature chinoise, beaucoup le passent sous silence; d'autres en donnent une idée peu exacte. C'est ainsi que nous lisons dans le catalogue de l'India office, p. 19 : « The subject matter of the work is the con-

---

[1] C'est-à-dire « les rites conformes aux règles ».

J. As. Extrait n° 3. (1889.)

duct of the *individual* under every phase of social intercourse. » Et dans l'ouvrage si savant et si justement estimé d'A. Wylie : « The subjects it treats of, are of a more domestic character than those of the *Chow lĕ* (tcheou li); rules being laid down for the guidance of *individual conduct* under a great variety of conditions and circonstances [1]. »

A en juger d'après ces indications sommaires, on devrait croire que l'*I-li* est entièrement, ou du moins presque entièrement, consacré aux règles de conduite tracées pour les particuliers et les circonstances de la vie privée. Or cette conclusion serait erronée. L'*I-li* primitif s'occupait *exclusivement* des fonctionnaires publics, magistrats ordinaires ou des plus hauts rangs, et surtout des grands feudataires de l'empire et du souverain lui-même. Les particuliers en étaient exclus, à ce point qu'un ancien commentaire porte ces paroles expresses : « Les rites s'arrêtent aux fonctionnaires inférieurs et ne descendent pas jusqu'aux particuliers : *li puh hià shü jin* 禮 不 下 庶 人 ; pour ceux-ci, point de règles de conduite. »

D'autre part, comme l'*I-li* est le tableau fidèle de la civilisation chinoise à une époque très reculée et nous met sous les yeux l'état social de ce singulier peuple tel qu'il était il y a plus de vingt-cinq siècles, il est à regretter qu'il ne soit pas mieux connu, et qu'on n'y ait pas puisé davantage les renseignements précieux qu'il contient.

[1] *Notes on chinese litterature*, p. 5.

Il ne sera donc pas inutile, en attendant qu'on en ait une traduction complète, de donner un aperçu sommaire mais complet de tout ce qu'il renferme. Chacun pourra, de la sorte, s'en faire une idée exacte, savoir ce qu'il peut y trouver et à quel endroit il devra chercher ce qui l'intéresse.

La composition de l'*I-li* a été attribuée au célèbre ministre et frère de Wuh-wang, Tcheou-kong; mais cette tradition est des moins sûres ou, pour mieux dire, elle n'est pas digne de foi, comme on le verra plus loin. Toutefois son contenu nous assure qu'il est antérieur à la dynastie des T'sin (255 av. J. C.). Disparu dans l'incendie général des livres canoniques sous Shi-Hoang-ti, il fut retrouvé, avec le *Shuh-king*, dans un mur de la maison de Kong-fou-tze, s'il faut en croire Kao-Tang, le lettré de Lou, éditeur du *Shi-li*, ou rituel des fonctionnaires. D'autre part, Sse-ma-tzien, contemporain du fait, raconte que Kao-tang avait retenu ce livre tout entier par cœur et le récita quand on voulut le rendre à la lumière. (Voir *Lieh-tchouen*, chap. LXI, c. fin [1].)

Le catalogue des livres de rites de la bibliothèque impériale des Hans porte aussi un livre de *li*, ancien

---

[1] *Yu kin iuh yeù shi li kaō tāng shing nĕng yēn tchi* 於今獨有士禮高堂生能言之 (Voir t. IV, *Lie-tchouen* 列傳 61, fol. 2 r°, l. 15. — Édit. in-18, 4 kiuen.) Après la restauration des lettres on fit divers recueils des rites dont les codes avaient été brûlés. Ce furent le *Shi-li*, puis le *Li-ku-king* en 50 kiuen, le *Ta tai-li*, etc.

texte, en 56 kiuen, que l'on croit également identique au texte appelé *Li-ku-king*.

Sous les Hans, les lettrés, excités d'ailleurs par les empereurs eux-mêmes[1], se mirent à réunir, coordonner et épurer les matériaux du *Li-ki*. L'ancien rituel qui appartenait à une autre dynastie, à un âge féodal, fut naturellement laissé au second plan, bien qu'il ait été, à cette époque même, l'objet de différents commentaires tels que ceux de Heou-tsang (1er siècle av. J. C.), de Tchang (vers 150 ap. J. C.), de Khung Ying-ta, de beaucoup postérieur, et d'autres encore. En 175, il fut gravé, avec les autres kings, sur la pierre par Tzai-Yong[2]. Il reçut alors le nom d'*I-li*.

Il semble que ce livre ait été rangé parmi les kings avant l'époque des Tangs, car nous avons une édition des *Six* kings en caractères *tchouen* qui cessèrent d'être employés à la fin des Hans, et cette édition comprend le Yih, le Shuh, le Shih, le Tchun-tsiou, l'*I-li* et le Tcheou-li. En tout cas, à la renaissance des lettres sous la dynastie des Tang, l'*I-li* fut placé dans le canon des 9 kings formé sous ces princes et y fut rangé avant le *Li-ki* lui-même. On le maintint dans la liste des kings dressée par les Songs, puis par Khien-long des Ts'ing, mais le *Li-ki* y fut placé le premier.

Enfin Khien-long, dès la première année de son règne, fit publier une édition complète, avec com-

---

[1] En 164 av. J. C., l'empereur Wang-ti fit compiler le *Wang-tchi* ou ordonnances royales qui forme le livre V du *Li-ki*.

[2] Comp. J. LEGGE, *The Li-ki*, Introduction, 3 ss.

mentaires très étendus et variés des neuf livres qu'il
considérait comme canoniques. Or ces neuf kings
sont, avec les quatre premiers de l'édition en *tchouen*,
l'*Erh-Ya*, le *Hiao-king* et les trois rituels *Tcheou-li*,
Li-ki et *I-li*.

L'ancienne édition en caractères tchouen a été re-
produite dernièrement encore, ensuite d'un décret
impérial, par un comité de neuf lettrés et sous le
titre de *Tchēn-ting tchuen wen luh king sse shuh* 欽
定篆文六經四書. « Les six kings et les quatre
livres canoniques (*shuh*) édités en caractères tchouen
par ordre de l'empereur. » L'*I-li* n'y a que dix-sept
kiuen, et le texte est disposé d'une autre façon que
dans l'édition de Khien-long.

Ainsi, malgré la prépondérance donnée au *Li-ki*
par les Hans, l'*I-li* n'en a pas moins joui d'une haute
estime parmi les savants chinois comme monument
des âges antérieurs.

« L'*I-li*, dit Tchou-hi dans sa préface, est le fonde-
ment, la racine des rites *I-li li tchī kēn pèn* 禮 之 根
本 ; le *Li-ki* en forme les branches et les feuilles. L'*I-li*
est la trame (*wēi king*), le *Li-ki* donne le développement et l'éclat à ses principes. L'*I-li* pose les règles
fondamentales du *Li-ki*. Aussi, on le voit, négliger
les livres canoniques quand on veut occuper une
fonction est une faute bien grave. »

Et la préface de Khien-long : « L'*I-li* et le *Tcheou-li*
sont deux livres compilés (*ship* 攝) par Tcheou-kong
pour régler et assurer l'ordre et le gouvernement.
C'est la source et le flot des lois et des règles qui

doit diminuer les délits et dommages. » Tchou-tze, exposant et expliquant les rites, a pris pour base l'*I-li*, etc. Notons encore ces paroles : « L'*I-li* étant difficile à lire, il est maintenant comme mis hors d'usage : *wēi wūh só yóng* 爲 無 所 用. » Elles nous expliqueront le peu de connaissance que l'on en a aujourd'hui. Mais il n'en était pas ainsi aux xie et xiie siècles de notre ère, car Tchou-hi affirme que Sze-ma-wen-kong (Sze-ma-kouang, 1009-1086) et Tcheng-y-tchouen (1033-1107), dans leurs traités des rites du mariage, ont suivi également l'*I-li*. (Voir ma traduction du *Kia-li*, p. 67. E. Leroux, Bibliothèque elzévirienne) 定 昏 禮 都 依 儀 禮.

Outre l'autorité que le texte de l'*I-li* a reçue des diverses reconnaissances officielles dont il a été l'objet, il peut revendiquer en sa faveur un caractère intrinsèque d'authenticité indéniable. Le *Li-ki* n'est qu'une vaste compilation faite après coup et dans laquelle les renseignements historiques viennent se mêler aux préceptes pratiques, aux relations des enseignements de Kong-tze ou d'autres sages antiques, et cela dans le pêle-mêle le plus parfait ; le plus grand nombre des prescriptions y est fondé sur le souvenir. Les matières se suivent bien des fois, sans ordre, d'une partie à l'autre, comme dans l'intérieur des divers livres. Dans l'*I-li*, au contraire, nous avons un tableau systématique des mœurs de l'époque où ce livre a été écrit ; ses rédacteurs étaient témoins de ce qu'ils consignaient sur leurs tablettes. Tout y est méthodique, régulier, exposé systématiquement.

L'époque de la composition de l'*I-li* n'est pas, ce me semble, difficile à déterminer. Le souverain chinois y est toujours désigné par le mot *wang*. Si l'on y voit paraître le titre de *T'ien-tze* « fils du ciel », c'est dans des passages qui appartiennent à la tradition (voir ci-après, p. 11, l. 2, 3).

Le livre a donc été composé sous la dynastie Tcheou dont tous les souverains, à l'exemple de Wu-wang, ont pris le titre de Wang, que son fondateur avait adopté le premier et que les dynasties subséquentes abandonnèrent pour se parer de celui de *Hoang-ti* ou *Ti*.

D'un autre côté, les règles et les rites y présentent un système de détails si méthodique que l'on ne peut rationnellement les supposer formés déjà de cette manière sous les premiers princes de la maison de Tcheou.

Par contre, ce n'est point sous ses derniers monarques, alors que l'autorité royale avait été réduite presque à néant, que le pouvoir central eût pu imposer un tel code.

Il est donc plausible de placer la composition de l'*I-li* vers le xe siècle avant notre ère. Il se peut que le célèbre ministre et frère de Wuh-wang, Tcheou-kong, en ait formé les premiers éléments qui se seront développés après lui. Il en est ainsi du Tcheou-li.

L'*I-li* diffère essentiellement du *Tcheou-li* en ce que celui-ci, comme l'indique son nom subsidiaire de *Tcheou-kouân* [1], a pour but de dresser un tableau

----

[1] Les magistrats de Tcheou.

complet des fonctions publiques et ne parle des rites et cérémonies qu'autant qu'il est nécessaire pour expliquer la nature de ces charges. L'*I-li*, au contraire, a pour objet de tracer les règles à suivre dans les cérémonies en usage et ne s'occupe des fonctions qu'en raison des rites eux-mêmes et de leurs différences d'après la diversité, non des magistratures, mais de leurs quatre grandes catégories.

Pour le moment, je ne m'occuperai pas de rechercher les points où les deux codes de rites diffèrent ou se contredisent. Il me suffira, pour le but que je me propose aujourd'hui, de donner une idée complète du livre. J'ai suivi, pour former l'aperçu suivant, les deux éditions *I-li ta tchouen* 儀禮大全, 22 kiouen et l'*I-li king tchouen* 儀禮經傳, avec divers commentaires qui se trouvent dans la collection *Kiu-king pu-tchu* de Khien-long (voir ci-dessus); en outre le *Tchin ting tchouen wen luh king*, K. 7, 8, dont il a été question précédemment, et l'*I-li tchang-ku*. Ces deux derniers ouvrages, qui se ressemblent parfaitement, ne sont en somme que le *Shi-li* « code des magistrats inférieurs », rédigé de mémoire par Kaotang (voir plus haut, p. 5). Mais déjà Tchou-hi avait cherché à restituer un texte complet. Comme le dit la préface, Tchou-tze avait composé 37 kiuen des rites des cours royales et feudataires, et 29 du deuil des sacrifices, etc. L'édition de Khien-long est destinée à retablir tout ce vaste ensemble. Pour les rites perdus 闕, l'impérial rédacteur a fait puiser les renseignements dans le *Li-ku-king*, voire même dans le Koue-yu, le Tcheu-li, le Li-ki et le Tchun-tsiou. Il distingue le *king* ou texte, le *tchouen* ou tradition, l'*I* ou explication du sens et le kao 老 exemples. Je ne connais pas de version mandchoue de l'*I-li* et ne l'ai jamais vue mentionnée même en aucun catalogue de bibliothèque européenne ou asiatique.

L'I-li complété par Khien-long se compose de deux parties ou *pien*, désignées, la première comme intérieure, *nei*, et la seconde comme extérieure, *wai;* ce qui, d'après l'usage chinois, désigne les principes et l'application, ou l'essentiel et l'accessoire, les appendices. Le terme « extérieur » s'applique tout spécialement ici, vu que la seconde partie renferme un grand nombre de tableaux explicatifs *extériorisant* les préceptes.

Ces deux livres, de très inégale grandeur, comprennent : le premier, 23 cahiers ou *Kiuen;* le second, seulement 5. Chacun des deux est divisé en parties, les parties sont divisées en sections et les sections en paragraphes, le tout sans aucun égard à la séparation des tomes ou kiuen qui coupent plus d'une fois les sections en deux.

Le premier livre compte cinq parties qui se distinguent par la nature des rites dont elles présentent l'exposé. Ce sont, selon les termes chinois : 1. les rites de fête; 2. ceux de cour; 3. ceux qui concernent les hôtes; 4. les rites de douleur, de deuil; 5. ceux de prospérité ou sacrifices et les règles de l'instruction.

Quant au second livre, on en verra plus loin la nature et le contenu; il serait inutile de rappeler, même partiellement, ces choses. Toutes les cérémonies et les rites qui s'y rapportent sont généralement divisés en quatre catégories, d'après les personnages qui en sont les auteurs principaux, à savoir : le roi, les princes feudataires et les magistrats et officiers qui se subdivisent en *Ta-fou*, magistrats supérieurs, ayant juridiction universelle ou sur toute une province, et *shi* ou magistrats inférieurs. Quelquefois il est question des *Kiun* ou rois, chefs de pays étrangers à l'empire des Tcheou.

Bien que l'exposé suivant ne soit pour ainsi dire qu'une sèche nomenclature, nous n'omettrons cependant aucun détail, parce que tout y est utile pour faire connaître non seulement notre livre en lui-même, mais aussi les traits principaux des mœurs et de la religion chinoise de cette époque lointaine.

Nous y ajouterons quelques notes et renseignements et l'un ou l'autre extrait qui pourront donner une idée plus complète de la nature et du style du livre [1].

[1] Tout ceci se rapporte à l'*I-li* de Khien-long. Le *Shi-li* ou *I-li* ordinaire ne comprend que les 17 sections 第 suivantes : 1. Prise du bonnet par les Shis. — 2. Mariage des Shis. — 3. Visites des Shis entre eux. — 4. Cérémonies du vin donné aux vieillards des cantons. — 5. Tir cantonal. — 6. Des repas et fêtes. — 7. Grand tir régional. — 8. Messages, ambassades, présents. — 9. Banquets donnés par les Kong aux Ta-fous. — 10. Audiences de la cour. — 11. Habits de deuil. — 12. Deuil des Shis. — 13. Dernier jour de l'an. — 14. Sacrifices d'apaisement. — 15. Offrandes des vic-

J'espère publier plus tard la traduction de la partie religieuse de cet ouvrage.

LIVRE PREMIER (interne).

PREMIÈRE PARTIE.

RITES DE JOIE, DE FÊTE.

SECTION I. — *Fête de la virilité. Mariage.*

Cette section comprend deux genres de cérémonies, le mariage et celles qui ont lieu lorsque le jeune homme et la jeune fille ont atteint l'âge viril ou adulte. C'est à 20 ans pour le premier, à 15 ans pour la seconde. A cette cérémonie on impose le bonnet[1] au jeune homme en l'avertissant d'avoir à se conduire en homme fait, sage et vertueux; on pose à la jeune fille la grosse épingle qui tient le nœud de ses tresses, en l'exhortant à pratiquer les vertus de la femme. Cette section se divise de la sorte :

CHAPITRE I. — *Prise du bonnet viril.*

1. Par les *Shis*.
2. Par les Ta-fous.
3. Par le prince héréditaire des grands fiefs.
4. Par les grands feudataires.

times au sacrifice. — 16. Entretien des étables. — 17. Distribution des offrandes.

[1] Le bonnet joue en Chine le rôle de la toge civile chez les Romains.

5. Par le prince royal.
6. Par le roi lui-même.
7. De la prise du bonnet pendant un deuil.

CHAPITRE II. A. — *Prise de l'épingle par la jeune fille.*
B. — *Mariage.*

1. Des Shis.
2. Des Ta-fous.
3. Des princes héritiers des grands fiefs.
4. Des chefs feudataires.
5. Du prince royal.
6. Du roi.
7. En temps de deuil.
8. Des princesses.

APPENDICE.

1. Des femmes répudiées.
2. Des veuves.
3. Rites des serviteurs.
4. Des soins à donner pendant la grossesse.
5. Cérémonies à la naissance d'un enfant.
6. Des provisions et magasins.
7. Du fils héritier [1].

SECTION II. — *Du boire et du manger.*

Cette section est intitulée *Du boire et du manger.* Elle traite des repas et des réceptions privées ou publiques, dans lesquelles on sert du vin aux invités.

---

[1] Celui que le père désigne comme tel et qui peut ne pas être l'aîné. Cf. *Siao-Hio.* L. II, § 5o, p. 66-67.

On y trouve les règles concernant les boissons et liqueurs servies par les Shis, les Ta-fous, les chefs feudataires et le roi à leurs familles, en particulier; puis le vin présenté dans les circonstances solennelles par les chefs féodaux et le roi aux vieillards et gens honorables des diverses régions de leurs États, hameaux, agglomérations de hameaux ou cantons, provinces « tcheous », et à leur cour.

La seconde partie, kiuen V, s'occupe des cas où des aliments sont servis par des membres des quatre classes : soit à leurs familles, soit à leurs égaux par les Ta-fous et les princes; par une classe à une autre exclusivement ou avec tel membre d'une autre classe; par le roi aux hôtes de l'État; enfin des mets présentés aux princes feudataires et au roi et des dons de comestibles faits par eux.

SECTION III. — *Des banquets et des fêtes.*

Ces banquets sont ceux que les personnages indiqués à la section précédente offrent aux différentes classes et dans les différentes circonstances énumérées en cet endroit.

Viennent ensuite ceux donnés par les princes feudataires et le roi aux fils des *Shis*, aux vieillards, aux orphelins, aux artisans. Puis les fêtes données par les rois et les membres des quatre classes, dans les premières circonstances, et par le roi aux hôtes de l'État.

Section IV. — *Du tir.*

Elle comprend les solennités suivantes :

Parties de tir entre les *Shis*, les Ta-fous, les princes et les rois et leurs amis intimes. Concours de tir organisés par les princes et les rois dans les tcheous, les provinces[1] et le Haut-Institut de leurs résidences, dans leurs palais, etc. Tir avec banquet organisé entre princes ou par le roi en l'honneur des princes. Fêtes avec jeu du *t'eū hū*[2], données par les *Shis* et les Ta-fous entre eux, par les princes aux Ta-fous ou aux autres princes, par les rois aux princes et aux Ta-fous.

Section V. — *Envoi, dons de mets offerts en sacrifice.*

Cela comprend :

1. Envoi de viandes par les Shis et les Ta-fous à leurs égaux.

2. Envoi de mets recherchés, par les mêmes, après le sacrifice.

3. Adresses de souhaits de bonheur après avoir présidé au sacrifice, par les mêmes.

4. Envoi de mets du sacrifice par les princes à un Ta-fou, un prince, ou au roi; par le roi à un Ta-fou, ou un prince.

---

[1] Comprenant plusieurs Tcheous.

[2] Jeu consistant à lancer des baguettes dans les orifices d'un pot à trois trous.

SECTION VI. — *Des félicitations.*

Ce sont :

1. Félicitations adressées par les Shis ou les Ta-fou, soit à leurs égaux, soit à un Kiun[1].

2. Félicitations des princes feudataires à un Ta-fou ou à un autre prince, ou bien au roi.

3. Félicitations faites par le roi à un prince ou à un Ta-fou.

DEUXIÈME PARTIE.

RITES MILITAIRES[2] OU POLITIQUES.

SECTION I. — *Ta-fong.*

Elle comprend les règles à suivre pour la fondation d'une capitale ou d'un grand fief, d'une ville, d'une propriété.

SECTION II. — *De la répartition égale.*

Cette répartition s'applique aux fonctions et terres du royaume ou des grands fiefs, spécialement des terrains partagés entre les familles et cultivés par elles moyennant redevance.

SECTION III. — *Des champs publics et des autels des champs.*

La distribution des champs publics et l'érection des autels aux génies protecteurs formaient la base de la constitution sociale des anciens Chinois.

---

[1] A un souverain.
[2] *Kiun*, agrégation du peuple, armée.

4.

Nous avons ici :

1. Champ et hôtel du génie protecteur d'un hameau, d'un État, de l'empire.

2. Champs publics et souverains des grands princes feudataires et du roi; leurs terres centrales et extérieures[1]. (Détermination et consécration.)

Section IV. — *Prestations et service féodal.*

Prestations des familles et villes, des chefs-lieux de princes feudataires, de la capitale.

Section V. — *Des inspections et expéditions.*

Cette section comprend les sujets suivants :

1. De l'inspection par le Sse-ma[2], par les chefs féodaux et le roi lui-même.

2. De l'ordre donné par le roi de faire une enquête, une recherche, une instruction judiciaire; de l'ordre royal de réprimer les bandits et les voleurs.

3. Des expéditions royales pour châtier les rebelles, les attaques à main armée.

4. Du retour triomphant des armées, de l'annonce d'une victoire.

[1] Extérieures au terrain central appartenant au souverain.
[2] Commandant général de la cavalerie, chef d'armée.

TROISIÈME PARTIE.

RITES DES RÉCEPTIONS D'HÔTES.

SECTION I. — *Visites et audiences.*

Voici les sujets traités dans cette section :

Première rencontre[1] des *Shis* entre eux et des Ta-fous entre eux.

Rencontres subséquentes des *Shis* et des Ta-fous.

Visite d'un prince feudataire à la cour d'un autre.

Conduite d'un prince reçu par quelque autre personnage et du prince qui reçoit.

Première visite d'un Shi à un Ta-fou, et visites subséquentes.

Première visite faite à un souverain.

Visite d'un Shi ou d'un Ta-fou à la cour d'un souverain.

Banquet, fête chez un souverain, dons d'aliments[2].

Officiers d'ordonnance près d'un prince héréditaire.

Première visite d'un prince feudataire à la Cour du roi ; visite du même au printemps et en été[3].

---

[1] Réception de l'un par l'autre.

[2] C'était une coutume des rois et des princes chinois d'envoyer des mets de leur table à des personnages importants auxquels ils voulaient témoigner leur faveur.

[3] Chacune porte un nom différent : audience, témoignage de respect, présentation, rencontre. Il y a des réunions de circonstance et d'autres réglées à époques fixes. Cf. *Tcheou-li*, XVIII, 3.

Audiences d'automne et d'hiver des mêmes. Réunion de ces princes à la Cour pour rendre hommage au roi.

Première audience donnée par le roi ; prise de possession de l'autorité.

Audience donnée par le roi pendant la tournée d'inspection de ses États.

Présents faits par les princes feudataires au fils du Ciel.

Visite d'un magistrat démissionnaire[1].

Réception d'un vieillard par le souverain, d'un sage illustre, d'un magistrat.

Section II. — *Des entretiens, négociations, messages.*

Tout mouvement, tout maintien d'un fonctionnaire était réglé par les rites. Nous les voyons appliqués ici aux objets suivants :

Entretien de Shis entre eux, message des Shis et Ta-fous.

Entretien de Ta-fous entre eux, de princes feudataires.

Shis et Ta-fous envoyés comme messagers.

Message concernant un deuil, une mort.

Envoyé traité comme l'hôte de l'État.

Conduite d'un jeune homme interrogeant un homme âgé ou du plus jeune interrogeant une personne plus âgée.

Conduite d'un Shi interrogeant un Ta-fou, lui parlant le premier ; des princes parlant au roi ou

______
[1] *Sian-Sheng* expliqué par *chi jin* 至 仕.

paraissant en sa présence ; du roi interrogeant un Ta-fou ; d'un homme plus âgé interrogeant un plus jeune ; d'un personnage plus élevé en dignité parlant à quelqu'un de moindre condition. Ta-fou interrogeant un Shi, le roi ou un prince interrogeant un ministre ou un Ta-fou.

Conduite du roi recevant en audience, interrogeant, examinant les princes feudataires ; des princes assistant le roi dans l'interrogatoire. De l'audience d'un Ta-fou.

QUATRIÈME PARTIE.

DU DEUIL.

Cette partie comprend la maladie, le deuil, les visites de condoléance, les prières pour conjurer les maux et les infortunes.

CHAPITRE I. — *Du deuil.*

1. Du soin des maladies des Shis, des Ta-fous, des princes et du roi.

2. Du deuil des Shis.

3. Du deuil des Ta-fous et des chefs féodaux ; du deuil du roi.

4. Des places réglées aux cérémonies.

5. Des cinq espèces de vêtements de deuil.

6. Des visites de condoléance. Visites des membres de la famille, des voisins, des amis, des vieillards et des jeunes gens, des femmes des Shis, des Tafous, des princes feudataires respectivement entre eux.

Visites des Ta-fous et des souverains à leurs subordonnés, des princes aux Ta-fous et aux Shis, des

Ta-fous aux Shis, du roi aux Ta-fous, aux Shis, aux princes, de la souveraine aux mêmes.

7. Sacrifice d'association des Shis[1], des Ta-fous, des princes feudataires et du roi.

Cérémonie de la cessation des pleurs[2], pour les mêmes.

Introduction au temple central.

Sacrifice des Siangs[3].

Sacrifice de la fin du deuil (*tàn*[4]).

Offrandes de pièces de soie, etc., aux défunts, par les membres de chaque catégorie à ses pairs.

Cérémonies du jour anniversaire de la mort.

Du retour en hâte à la maison pour prendre part à l'enterrement[5], etc.

Deuil survenant pendant un autre deuil.

8. Des consolations en cas de malheur, d'un Shi, etc.; lettres et visites.

9. Des prières pour écarter un malheur, une obsession, des Shis, Ta-fous, princes et rois.

10. Des témoignages de compassion donnés par les mêmes ou aux mêmes.

---

[1] Chaque nouveau mort prend place parmi ses parents décédés; ce sacrifice l'associe à ses ancêtres.

[2] Trois jours après l'enterrement, on offre un sacrifice et l'on cesse les pleurs commandées et réglées par les rites.

[3] A la fin de la première et de la deuxième année d'un deuil de trois ans, on offre un sacrifice qu'on appelle *Petit Siang* et *Grand Siang*.

[4] A la fin du deuil de trois ans, en principe, mais en réalité de vingt-sept mois d'après les usages adoptés.

[5] Quand on est éloigné de chez soi et qu'on apprend la mort d'un de ses parents, on doit se mettre en route aussitôt, pleurer à certains

CINQUIÈME PARTIE.

RITES DE PROSPÉRITÉ [1].

Ces termes forment une expression consacrée, désignant tout ce qui est considéré comme devant assurer la prospérité au pays ; c'est d'abord le sacrifice, ses cérémonies et leurs diverses espèces (dans les sections I à VI), la grande cérémonie du labour royal et la culture des vers à soie, double culture, qui donne la richesse à l'État, puis les règles de l'enseignement, source de la prospérité morale et matérielle même (section VII). Tout cet ensemble se subdivise de la manière suivante :

SECTION I. — *Offrandes et sacrifices aux esprits des morts.*

Sacrifices de petites victimes, « moutons » par les Ta-fous.

Sacrifice, offrande de grandes victimes, « bœufs » par les princes et le roi.

Rites divers du sacrifice pour les Shis et les Ta-fous, au printemps et en été, à l'automne et en hiver ; victimes désignées pour ces circonstances.

Sacrifices du printemps et de l'été pour les princes feudataires.

Sacrifices des Shis et Ta-fous pour leurs ancêtres réunis. Mêmes sacrifices des princes et du roi.

moments, et faire diverses cérémonies en route et en arrivant à la maison. Voir pour tout cela le *Kia-li* de Tchou-tze, chap. VIII, S 7 E à 1 de ma traduction.

[1] Pour la prospérité du pays.

Sacrifice royal en l'honneur de tous les prédécesseurs du monarque régnant [1].

Autel en plein air et prières « aux esprits » prononcées par les Shis supérieurs et les Ta-fous. Autel sur une terrasse élevée pour les princes et le roi.

Sacrifice mensuel des princes et du roi.

Viennent ensuite les sacrifices offerts dans les quatre classes pour les jeunes gens morts avant l'âge viril (c'est-à-dire avant 19 ans. On en distingue plusieurs classes : la petite, la moyenne et la grande anté-virilité, selon que le mort avait de 8 à 11 ans, de 12 à 15 ou de 16 à 19). Puis l'annonce du sacrifice d'un mouton à la nouvelle lune par les princes et le roi, l'offrande des prémices de chaque saison par les mêmes ainsi que les Ta-fous et les Shis; le sacrifice offert par le roi à ses prédécesseurs, Wangs et Tis [2], des dynasties antérieures; celui des princes et du roi aux Saints et aux Maîtres des temps antiques, ceux offerts au nom de l'État pour les magistrats qui ont bien mérité de la patrie, pour obtenir un fils au roi [3], aux anciens qui ont pratiqué la culture du ver à soie, à l'inventeur de l'usage des chevaux [4], aux anciens pasteurs, au génie chef des chevaux [5].

---

[1] Institué par Shun. W. W. 881 B.

[2] *Ti*, souverain des dynasties antérieures; *Wang*, de la dynastie *Tcheou*.

[3] Au printemps, fait par le roi lui-même.

[4] *Ma-tsong*, l'ancêtre des chevaux.

[5] *Ma-she*.

Section II. — *Sacrifice aux esprits du ciel.*

Nous avons ici une série d'actes du culte se rapportant aux phénomènes et êtres célestes.

Ce sont d'abord les princes feudataires et le roi allant au-devant des quatre saisons, c'est-à-dire allant saluer leur arrivée par une cérémonie qui assure l'ordre régulier et témoigne de la reconnaissance en offrant un sacrifice à cette occasion ; puis même chose à l'arrivée, au premier jour du froid et de la chaleur ; au génie qui préside au froid [1], à ceux qui veillent à la garde du peuple et de la prospérité de l'État.

Viennent ensuite : le sacrifice commun pour augurer de l'année nouvelle ; le sacrifice des Ta-fous, des princes et du roi pour le nouvel an ; celui du deuxième mois de l'été pour obtenir la pluie nécessaire à la croissance des céréales, etc., offert par les princes et le roi ; le sacrifice de prières en cas de malheur, de calamité, de deuil, et celui qui se fait pour le bonheur et la paix de la maison. En outre, les offrandes présentées par le roi aux sacrifices *lei* [2],

---

[1] Qui accumule et dissout la glace, dit le commentaire.

[2] Le sens de ce mot et du suivant *wang* (*sse wang*) est incertain. Quant au premier, le plus probable est qu'il désigne le sacrifice à Shang-ti, sacrifice ordinaire d'abord, puis sacrifice de circonstance, comme à la mise en marche d'une armée. Les dictionnaires chinois en distinguent quatre espèces (*sse lei*) qui diffèrent principalement quant à la nature des victimes et portent différents noms, tels que *Khi-lei, Sze-lei,* etc. (Voir spéc. le *Tcheng tze wei,* t. XIII b. v.) Les *sse wang* seraient, d'après les commentaires de l'*I-li,* soit la lune,

par les Heous [1] à la pleine lune et aux pleines lunes intermédiaires des saisons (*Sse wâng*).

Les points suivants réclament une attention spéciale. Ce sont :

Les offrandes offertes particulièrement aux cinq Tis, les grands festins communs donnés aux mêmes, puis le sacrifice suprême [2] offert à Shang-Ti, les offrandes sacrificielles qui lui sont faites au Ming-Tang [3], enfin le sacrifice au ciel sur un tertre arrondi [4].

Ici les dernières désignations et les passages qui les expliquent ont une haute importance pour l'intelligence de l'ancienne religion chinoise.

On y voit d'abord que Shang-ti et Tien « ciel » étaient entièrement distincts. A Shang-ti seul, on offre le sacrifice suprême le plus élevé de tous, pour conjurer les calamités, à lui seul le grand sacrifice d'automne dans le Ming-Tang, la grande salle du palais.

Le culte du ciel vient après et séparément; il se célèbre au cœur de l'hiver, quand la nature morte

le soleil, les planètes et les étoiles, soit les montagnes et les rivières. Cette divergence de vues indique assez qu'on n'en savait rien. (Voir *Kiu king-tu-tchu. I-li*, XXI, fol. 9 et 10.)

[1] Les grands feudataires d'une autorité presque royale.

[2] 旅 *Ta-lù*, le grand déploiement de cérémonies et offrandes, offert en temps de calamité à Shang-ti.

[3] Sacrifice d'automne, de remerciement et de demande pour l'année suivante. Le *Ming-Tang* est la grande salle d'honneur du palais royal. C'est « la salle brillante ».

[4] Sacrifice du solstice d'hiver sur un tertre fait en rond dans le quartier extérieur du sud de la capitale.

sous les coups du froid va commencer à renaître, se réveiller et agir. Les commentaires nous expliquent parfaitement ces rôles divers.

Tous les êtres contingents tirent leur substance du ciel, l'homme tire la sienne de ses premiers parents ; tous les êtres reçoivent leur existence particulière et leur forme de Shang-ti, et l'homme de son père. C'est pourquoi on honore le ciel au solstice d'hiver, parce que c'est le moment où la substance des êtres reprend vie et recommence à agir, à produire. (Cf. le *Kiu-king-tu-tchu-I-li*. Kiuen XXI, fol. 16 r°, ici sect. I, § 28-30.)

Remarquons en outre la différence des lieux du culte : On honore Shang-ti dans une salle, comme un roi. On honore le ciel en plein air, sur un tertre arrondi qui figure la forme extérieure du ciel.

Quant à ce dernier culte, les commentaires nous l'expliquent très précisément en disant que par là on fait descendre tous les esprits du ciel *tsé t'iēn shēn kiāi hiáng* (*Ibid.* fol. 17 v°)[1].

SECTION III. — *Sacrifice à la terre.*

Nous avons ici, énumérés et plus ou moins expliqués, les cinq oblations[2] annuelles des quatre classes ;

---

[1] Plus loin il est dit : Le fils du Ciel laboure lui-même pour la culture du grain, du riz, du millet, du millet noir, pour servir Shang-ti, fol. 17 v°, l. 1.

[2] Au printemps, au génie de la porte ; en été, à celui du foyer ; à la fin de l'été, au dieu pénate (cour du milieu) ; en automne, à la porte extérieure ; en hiver, aux génies des chemins.

les exorcismes contre les maladies dans les provinces et la capitale, et les prières déprécatoires des Heous.

Les prières de remerciement par les Heous et le roi, à la fin de l'année, pour leurs États; les sacrifices spéciaux pour la famille[1], la ville, la région et pour les quatre régions de l'empire par le roi; ceux des rois et des Heous aux montagnes, aux forêts et aux fleuves; aux cinq grandes montagnes[2]; les sacrifices des tcheous et des hameaux, des familles et des villes, des Heous et des rois au génie du sol et à celui des céréales.

Puis il y est traité des modifications apportées aux règles des sacrifices par un deuil occurrent, comme à celles des offrandes; et de la représentation des morts[3] au sacrifice pendant un deuil.

SECTION IV. — *Sacrifices offerts pour des causes particulières.*

Nous avons ici une longue série de cérémonies qui se font à des occasions déterminées par les lois et coutumes et qui ont rapport non plus aux vicissitudes et cours du ciel, des corps célestes et terrestres, mais aux actes des hommes.

Ce sont d'abord celles qui se font à la prise de

---

[1] *Kia,* ou le domaine des grands feudataires selon le Tcheou-li.

[2] C'étaient d'abord la montagne près de laquelle était bâtie la capitale et quatre autres aux quatre limites de l'empire; par l'extension de celui-ci, ces montagnes ne furent plus qu'idéales.

[3] Elle se faisait encore à cette époque, comme à celle du Shih-king, par un parent vivant qui jouait le rôle du mort appelé à participer au sacrifice.

possession de ses fonctions par un Ta-fou, de son fief par un prince, du trône par le roi; à la constitution d'un fief; à la fondation d'une capitale par le roi; à la réunion des Heous à la Cour; à l'inspection des provinces et frontières par le roi; aux traités d'alliance (conclus devant les esprits[1]), avant les grandes chasses, les délibérations du conseil, le départ pour aller châtier des rebelles, pour toute cause grave ou raison d'État; à l'occasion de tout phénomène extraordinaire survenu au ciel, dans les astres ou sur la terre, de diverses calamités : sécheresse persistante et pernicieuse, incendie, inondation, phénomène destructeur céleste ou terrestre (vent violent, tremblement de terre, etc.), de pronostics extraordinaires, de maladie, mort, enterrement, et de toute affaire dont l'issue ne semble pas heureuse; aux fêtes du tir régional ou du tir solennel organisé par les princes feudataires.

SECTION V. — *Des consécrations.*

Cette section s'occupe de la consécration des temples ancestraux par les Shis et les Ta-fous, les Heous et le roi; de celle des autels et tertres sacrificiels dans les cours et les champs, des vases et ustensiles du sacrifice, des arsenaux et écuries.

SECTION VI.

Nous trouvons ici traitées diverses questions accessoires :

---

[1] En se teignant le corps avec du sang, humain d'abord, puis pris aux victimes.

1. Le transport d'un temple ancestral chez les Shis, Ta-fous, Heous ou rois.

2. Celui des autels intérieurs ou extérieurs.

3. Labour du champ royal ou princier par le roi ou le prince féodal[1].

4. Culture des vers à soie par la reine et les princesses.

5. L'entretien des victimes du sacrifice par le roi et les Heous.

Section VII. — *Règles de l'instruction.*

Il s'agit d'abord de l'entrée des enfants à la Siao Hio[2]. Cette section indique l'âge de l'entrée à l'école (8 ans), la manière de s'y conduire, les hommes chargés d'y enseigner (Shis et Ta-fous).

Le tout en ce qui concerne les enfants tant du roi que des grands et du peuple entier; il n'y a pas ici de différence.

Viennent ensuite les règles de l'entrée à la Ta-Hio[3] où tous viennent à 15 ans, le respect dû au maître, les dispositions du cœur nécessaires, etc., les règles d'avancement et celles qui regardent spécialement le prince royal.

Cette section se termine par le sacrifice offert en faveur du roi ou Heou défunt par son fils et successeur pendant la première année de deuil.

Ici finit le premier volume ou livre (*pien*) inté-

---

[1] La solennité bien connue.
[2] Le petit enseignement, l'école régionale.
[3] Grand enseignement, établissement d'instruction à la capitale.

rieur (*nei*), c'est-à-dire *principal, exposant les principes.*

LIVRE II (extérieur).

Le second volume (ou extérieur *wai pien*), d'une étendue très restreinte, contient des détails relatifs aux matières exposées dans le premier. Des cinq kiuens dont il se compose, les deux premiers sont consacrés aux vêtements de deuil dans leurs parties essentielles et leurs accidents (*pen* et *poh*).

Le troisième kiuen renferme des matières assez importantes : les lois de la collation des titres d'honneur après la mort; le *livre rouge* ou méthode suivie par Wu Wang pour interroger, examiner les Shis et Ta-fous; puis le célèbre calendrier des *Hia : Hia siao tcheng*, tant de fois cité dans les observations astronomiques et publié séparément, le seul passage de l'*I-li* qui ait été étudié.

Tout le reste du livre est composé de tableaux se rapportant aux prescriptions du premier volume et suivant l'ordre de ses diverses parties : rites de joie; rites politiques; réception des hôtes; rites de malheur et de deuil; rites de bonheur; des cinq grandes cérémonies. (Voir p. 11, *fin.*)

C'est d'abord le tableau des places au repas de noce, au dîner donné par un Kong à un Ta-fou, et en même temps la position des plats, celle des sièges aux banquets de fêtes. Puis les positions aux fêtes avec tir, des participants et des musiciens.

Dans la seconde section, nous avons le tableau

des citoyens appelés à porter les armes ou à faire les prestations d'impôts, etc., d'après chaque division administrative, et celui des préposés aux différentes divisions administratives.

A la troisième section appartiennent les règles de la réception des hôtes, et le tableau de la position des mets, viande, poissons, légumes, fruits, etc.

La section des rites de douleur nous donne une série de trente-quatre tableaux indiquant en détail les vêtements à porter dans tous les genres de deuil et dans toutes les circonstances, à toutes les cérémonies du deuil.

Il serait trop long de les énumérer ; nous pouvons renvoyer pour cela à la traduction du *Kia-li*. (Voir C. de Harlez, *Kia-li*, rites domestiques, traduit pour la première fois. Paris, E. Leroux, 1889.)

Suit un nouveau tableau explicatif des cérémonies du sacrifice à la cour, de la place des victimes et ustensiles comme des opérateurs. Ce passage a cela de remarquable que le souverain y est appelé *kiun* 君 et non *wang*.

La sixième partie qui termine le kiuen IV est consacrée à l'instruction.

Elle comprend :

A. Matières à enseigner aux jeunes gens en général et au prince héréditaire spécialement, aux premiers par le *Ta sse-tu* ; au second par le *Sze-shi*, le *Pao-shi* et le *Ta sse-Yo*.

Tous doivent apprendre trois matières, composées : la première de six vertus, la seconde de six actions, la troisième de six arts.

Ce sont :

1. La bonté, la droiture, la sainteté, l'intelligence, la modération, la concorde.

2. La piété filiale, l'amitié, la bienveillance, l'amour portant au mariage, la fidélité au devoir de profession, la compassion.

3. Les arts, les rites, la musique, le tir, l'équitation, l'écriture, le calcul.

Les princes royaux doivent apprendre :

a. Trois vertus :

1. La vertu en sa plus haute expression, base de la sagesse.

2. L'activité, principe des actes.

3. La piété filiale.

b. Trois actions :

1. La piété filiale (en acte).

2. L'amitié, la bienveillance envers les sages.

3. La soumission à l'égard de ses maîtres.

c. Les six arts indiqués plus haut.

d. Les six règles de convenance du sacrifice, de la réception des hôtes, des audiences de cour, des cérémonies du deuil, du commandement militaire, de la conduite des chasses, qui lui sont enseignées comme les *six arts* par le *Pao-shi.*

e. La musique accompagnant le chant et la danse.

B. Distribution des matières de l'enseignement selon les années et les saisons.

La dernière partie, formant le kiuen V, donne :

1. Le tableau des positions pendant que l'on consulte le sort par l'écaille de tortue ou la plante *Shi*.

2. Celles des vases de vin en différentes circonstances et selon la dignité de l'opérant.

3. Les règles du bain préparatoire aux cérémonies[1], les positions des plats à aliments (*ting*) dans les cérémonies, telles que la prise du bonnet viril, le mariage, le vin donné aux gens de la région[2], le grand *tir*, les dîners donnés aux Ta-fous par un Kong, les libations du deuil et les divers sacrifices funèbres.

4. Le service des plats, bassins, vases, marmites et leur contenu; espèces de viandes, aux mêmes cérémonies et en différentes autres encore; dîner donné par un Shi à ses beaux-parents, à son mariage; dîner de Ta-fous à Ta-fous; banquet offert par le roi aux princes vassaux, à la nouvelle lune.

5. Enfin l'usage, le service, la quantité des plats et ustensiles de toute espèce dans des circonstances analogues, les mets servis et le reste.

Tel est en son entier le contenu de l'*I-li* complété. Donnons en terminant quelques extraits de notre

---

[1] Avant de sacrifier, avant d'aller à la Cour on doit jeûner, se purifier l'âme et le corps; le corps par un bain, l'âme par l'abstention de tout plaisir, le recueillement, etc.

[2] Pour honorer les vieillards et les gens de mérite. Cela se faisait en une cérémonie ou un banquet public.

livre pour tempérer quelque peu la sécheresse de cette nomenclature.

Voici d'abord les rites de l'imposition de l'épingle à la jeune fille, cérémonie dont il a été question plus haut, partie I, section I, p. 14.

Il s'agit ici spécialement des princesses, comme on le voit à B.

1. IMPOSITION DE L'ÉPINGLE.

A. La jeune fille arrivée à l'âge de 15 ans est donnée ou promise en mariage. Elle prend l'épingle et reçoit son nom d'âge mûr (*tze*)[1].

Il en est de ceci, pour elle, comme de la prise du bonnet à 20 ans, pour le Shi[2].

Si elle n'a point encore été promise, elle ne prend l'épingle qu'à 20 ans. Le rite de cette cérémonie est qu'on donne un banquet et puis qu'on lui impose l'épingle en lui arrangeant la chevelure en tresses nouées[3].

Bien que non mariée, elle reçoit l'épingle à 20 ans parce qu'elle est femme faite et complète.

A ce banquet on (boit à sa santé et) la fait boire en retour et on l'appelle de son nouveau nom.

B. Si le temple de son trisaïeul n'est pas encore détruit[4], elle reçoit son instruction (préparatoire au

---

[1] Jusque-là elle a porté le nom donné à la naissance, le nom d'enfance ou *de lait*.

[2] Voir plus haut, p. 13.

[3] Avant cela elle portait les tresses pendantes. Cette épingle est grosse, à large tête et très ornée.

[4] A cette époque, les princes avaient cinq temples pour les divers

mariage)[1] dans le palais pendant trois mois. Si ce temple est démoli, on la lui donne dans la famille royale.

Au banquet donné pour cette cérémonie, si la jeune fille est promise, on invite des dames étrangères et ce sont elles qui lui mettent l'épingle. Si elle ne l'est pas, les personnes de la famille assistent seules au banquet et font la cérémonie. On ne la fait pas boire en retour.

ancêtres à partir du père; les grands magistrats, trois; les autres, deux. Quand le nombre était rempli, le plus ancien allait rejoindre ses prédécesseurs dans le local commun et sa place était prise par son fils; tous changeaient ainsi de place. Quand le trisaïeul avait été ainsi écarté, son temple était censé détruit.

[1] Pour la former aux vertus des femmes et mères de famille.

2. TABLEAU DE L'ARRANGEMENT DES METS AUX DÎNERS DONNÉS PAR DES KONGS À DES TA-FOUS.

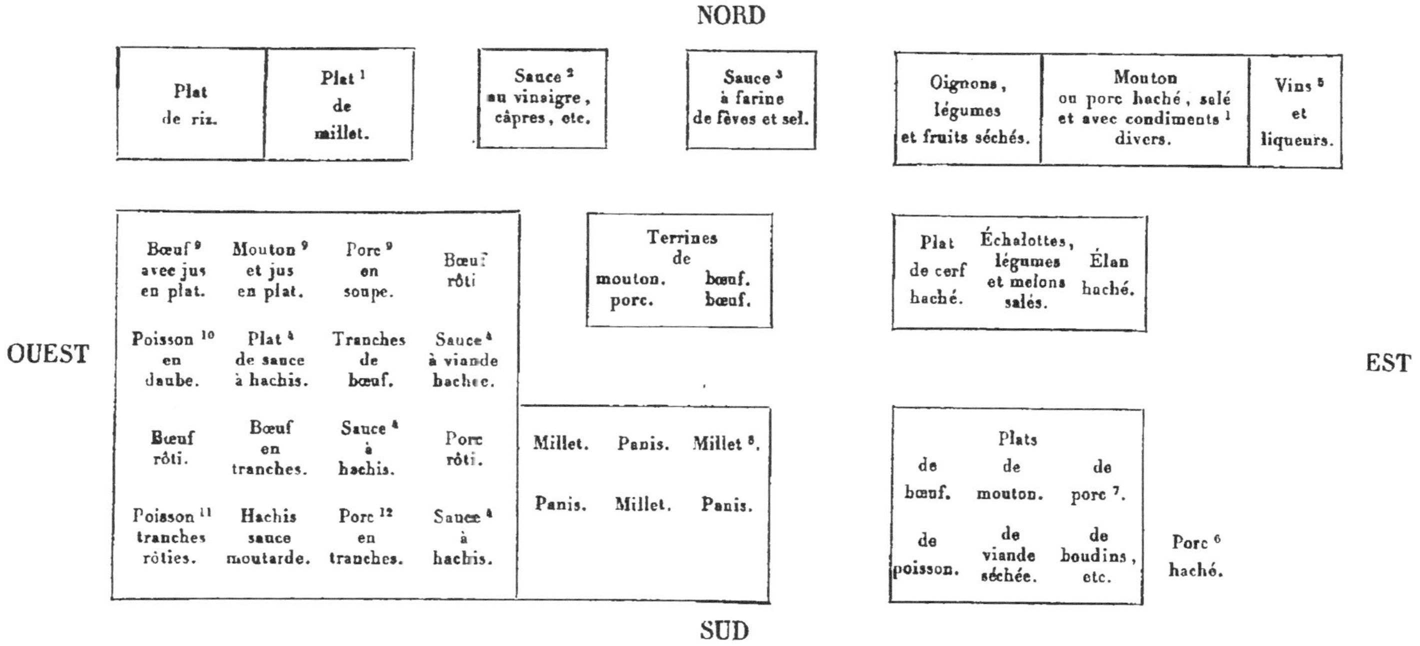

NORD

| Plat de riz. | Plat [1] de millet. | | Sauce [2] au vinaigre, câpres, etc. | | Sauce [3] à farine de fèves et sel. | | Oignons, légumes et fruits séchés. | Mouton ou porc haché, salé et avec condiments [1] divers. | Vins [5] et liqueurs. |

OUEST — EST

Bœuf [9] avec jus en plat.	Mouton [9] et jus en plat.	Porc [9] en soupe.	Bœuf rôti			Terrines de mouton. porc. bœuf. bœuf.			Plat de cerf haché.	Échalottes, légumes et melons salés.	Élan haché.
Poisson [10] en daube.	Plat [4] de sauce à hachis.	Tranches de bœuf.	Sauce [4] à viande hachée.								
Bœuf rôti.	Bœuf en tranches.	Sauce [4] à hachis.	Porc rôti.		Millet.	Panis.	Millet [8].		Plats de bœuf. de mouton. de porc [7].		
Poisson [11] tranches rôties.	Hachis sauce moutarde.	Porc [12] en tranches.	Sauce [4] à hachis.		Panis.	Millet.	Panis.		de poisson. de viande séchée. de boudins, etc.		Porc [6] haché.

SUD

¹ Doit se porter de l'ouest à l'est. — ² Doit se porter de l'ouest à l'est. — ³ De l'est à l'ouest. — ⁴ Se fait de chair de crabes, de pattes de grenouille, de lapin, poisson, oie, etc., hachée et mêlée de levure, de sel, de farine de millet dont on fait une pâte que l'on mêle aux sauces. — ⁵ Comme le manger est la chose principale, on pose les boissons au dehors. — ⁶ Des sept plats, le porc est le moindre, c'est pourquoi on le met à part et seul. — ⁷ Ces six plats sont sans vinaigre, parce qu'ils sont les plus distingués. — ⁸ Ces six plats sont au vinaigre. — ⁹ Ces trois plats n'ont point la sauce de chair hachée ni de sauce forte, le poisson ¹¹ a cette dernière sauce. Les tranches de porc ¹² et le poisson ¹⁰ ont la sauce au hachis.

3. TABLEAU DE LA POSITION DES SIÈGES AUX BANQUETS.

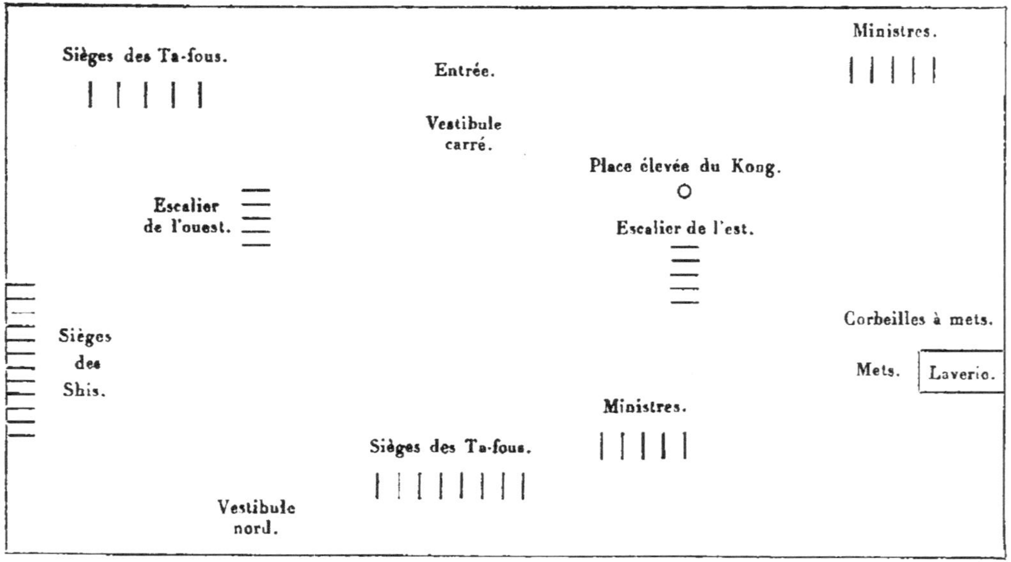

La place des mets est à gauche; on les y pose avant l'arrivée des hôtes.

Quand les ministres et les Ta-fous sont assis, on les arrange en leur place au moment de les présenter.

Au grand Tir, les ministres s'assoient à l'est[1] des hôtes regardant l'est, les membres inférieurs des ministères se mettent à l'ouest[1] des hôtes regardant l'est, les Ta-fous viennent après, placés de la même façon. Tous, avant l'arrivée des hôtes, regardent vers le nord (côté censé celui du souverain). (Les hôtes sont les invités qui n'assistent pas au banquet en raison de leurs fonctions.)

[1] C'est-à-dire à la place supérieure et inférieure.

4. RÈGLES POUR LE TRAITEMENT DES SHIS DANGEREUSEMENT MALADES.

Lorqu'un Shi est malade, on le porte dans l'appartement principal; on le couche la tête tournée vers l'est et sous la fenêtre du mur du nord (et là on le soigne). Le malade doit se purifier; ceux qui le soignent doivent également le faire. (Ils doivent remettre en ordre leur intérieur, régler leurs affections et dispositions, les tenir calmes et sous dépendance de la volonté.)

Le souverain, qui le demande, est placé sous la fenêtre du sud. On lui met les vêtements de cérémonie en laissant pendre des deux côtés les bouts de la ceinture (car on ne peut voir le souverain dans ses vêtements d'intérieur).

Ceux qui soignent un malade ne doivent point porter des habits de deuil; la douleur seule (et non les signes extérieurs) doit être leur objet principal.

Quand un père est malade et qu'il doit prendre une médecine, son fils doit en goûter le premier; si un ministre ou un Ta-fou est malade, le souverain doit faire demander de ses nouvelles plusieurs fois [1]; si c'est un Shi, il ne doit le faire qu'une seule fois.

Les princes feudataires ne le font pas, mais vont eux-mêmes à la maison de leurs fonctionnaires et officiers s'informer et présenter leurs condoléances.

---

[1] En regle : trois fois.

Quand la maladie s'aggrave (et fait attendre la mort), tout à l'intérieur et à l'extérieur est plein du bruit des chuchotements, des allées et venues. On écarte tous les instruments de musique du malade. On enlève sa couche (et le met à terre [1]), on enlève ses vêtements ordinaires et le revêt d'habits neufs, d'habits de cérémonie; on étend et met en bon ordre tous ses membres (tête, bras et jambes), chacun étant tenu par une personne.

Tous, hommes et femmes, changent de vêtements (à cause des visites que l'on reçoit alors), les Shis prennent leurs habits de cérémonie, les autres des habits foncés en couleur.

On pose un léger flocon (sur la bouche et le nez du malade) pour s'assurer (par son mouvement) si l'esprit vital s'en va.

On se met en prière près de la porte et sur le chemin [2].

Un homme ne doit point mourir dans les bras des femmes, ni une femme dans les bras des hommes.

Les rites concernant les princes et rois mourants sont les mêmes. Les seules différences sont celles-ci :

Les rois et princes feudataires sont portés dans leurs appartements royaux ou princiers. On en écarte leurs armes. Les Shis et les Ta-fous vont demander des nouvelles de la maladie des princes et ceux-ci du

---

[1] L'homme, en naissant, gît à terre (et ne sait se lever); en danger de mort, on le pose sur la terre même pour qu'il y puise une nouvelle force vitale.

[2] Ou bien : On prie les génies des portes et des chemins.

roi. Le roi en fait demander des Ta-fous et des princes jusqu'à trois fois.

Dans l'assistance du souverain, les chefs-serviteurs se placent à droite et les chefs-archers à gauche.

5. SACRIFICE DES HEOUS ET DU ROI, AUX QUATRE SAISONS.

On emploie pour ce sacrifice une victime de la petite classe (un mouton). On l'offre sur un autel en plein soleil; cela fait, on l'enterre et l'on fait tout comme aux sacrifices ordinaires.

6. LES HEOUS ET LE ROI ALLANT AU-DEVANT[1] DU FROID ET DE LA GRANDE CHALEUR.

Les rites des cérémonies destinées à arrêter la grande chaleur consistent en ceci : le jour du milieu du printemps, le matin, on frappe un tambour de terre[2], on chante les chants de Pin[3], et ainsi on combat la grande chaleur[4].

Le jour médial de l'automne, le soir, on fait la même chose pour combattre et arrêter le froid.

Les Heous et le roi sacrifiaient aux temps du froid

---

[1] C'est le terme consacré pour tout acte fait en l'honneur ou à l'occasion d'une personne ou d'un événement.

[2] C'est-à-dire que la caisse est d'argile et le dessus de peau (com.).

[3] Principauté originaire de la famille Tcheou qui monta avec Wu-wang sur le trône de Chine et qui régnait lors de la composition de l'*I-li*. Chaque principauté chinoise avait ses chants régionaux dont nous avons un choix dans le *Shih-king*.

[4] Le Tcheou-li a les mêmes prescriptions, à cela près qu'il parle de la flûte de *Pin* au lieu de « ses chants ».

et de la grande chaleur ; au froid ils sacrifiaient dans une caverne ou vallée profonde ; à la chaleur, sur un tertre [1]. Pour cela, ils faisaient tout comme aux quatre saisons. Ils se rendaient à ce sacrifice comme s'ils allaient recevoir l'ancêtre originaire de leurs familles.

7. DE L'ENTRÉE À L'ÉCOLE INFÉRIEURE [2].

1. Les lois de l'enseignement sont promulguées et rappelées par les chefs de cantons et de villages et on doit les suivre.

Tout fils de gens sans fonction et autre, après avoir servi un an, doit aller à l'école de son endroit. Là les anciens du village lui enseignent les trois matières. Les Ta-fous sont leurs pères et maîtres, les maîtres supérieurs, les Shis sont les maîtres inférieurs.

Dès le point du jour, les anciens les plus renommés et respectés, les plus élevés en dignité [3], siègent dans la salle de droite, les autres dans la salle de gauche.

Les enfants sortent tous les matins pour aller prendre leur repas, puis reviennent à l'école. Le soir, de même.

---

[1] Chose à remarquer, le *Li-ki* substitue à cela : ils sacrifiaient *au soleil* sur un tertre, *à la lune* dans une caverne, etc. On voit que les traditions du *Li-ki* sont erronées.

[2] *Siao-hio*, la petite école, le petit enseignement, ce qui serait pour nous l'enseignement primaire et moyen ; opposé à la *Ta-hio*, grand enseignement supérieur qui se donnait à la capitale et où l'on entrait à 15 ans quand on avait des aptitudes spéciales.

[3] Ou simplement « les plus âgés ».

Arrivé au solstice, au quarante-cinquième jour de l'hiver, on leur enseigne la pratique de l'agriculture. Le chef du canton leur en expose les lois et leur en fait approfondir les principes.

Au milieu de l'année, on les examine et les récompense selon leurs progrès relatifs en sagesse et capacité, selon le développement de leurs talents et facultés.

2. Les fils des rois, Heous, ministres, Ta-fous et Shis reçoivent l'instruction dans la partie de gauche du local du palais [1]. Les jeunes gens pauvres et distingués, élevés aux frais de l'État, sont au côté droit [2]. Le *Pao-shi* [3] et le *Sse-shi* [4] enseignent aux premiers les six arts [5], les six genres de maintien, les trois vertus (pureté, vigilance sur soi-même, piété filiale), les trois actes vertueux (piété filiale, amitié, obéissance. (Cf. p. 33, plus haut.)

L'instruction des autres est en général toute semblable.

[1] Litt. : à gauche de la porte-du-tigre du souverain ou des appartements à audience de justice. On y peint un tigre comme emblème de la rigueur du justicier.

[2] Le texte porte aussi «gauche?» Tous sont élevés avec le prince royal ou héritier. Le *Yü-tang*, leur local, était, dit le commentaire, dans le faubourg ouest de la capitale.

[3] «Le protecteur du peuple», Ta-fou chargé d'élever le prince héritier et de reprendre le souverain de ses fautes ou de ses vices.

[4] «L'instructeur du peuple», chargé plus directement et en détails de l'instruction du prince héritier, s'occupait en même temps de ses compagnons d'étude.

[5] Les rites, la musique, le tir, la conduite des chars, la littérature et le calcul.

La manière suivie par les préposés à l'instruction pour examiner leurs progrès en vertu et capacité est en tout semblable à celle que l'on suit dans les écoles de canton.

A 16 ans, le fils héritier du souverain et tous les fils, ceux des Heous, ministres, Ta-fous et Shis, les plus distingués, ainsi que tous les jeunes gens capables et méritants des gens sans fonction, entrent à la *Ta-hio*, c'est-à-dire le Haut-Institut.

www.ingramcontent.com/pod-product-compliance
Lightning Source LLC
Chambersburg PA
CBHW051318060726
47596CB00004B/1368